Joachim Schmidt-Salzer

Allgemeine Geschäftsbedingungen
– Bilanz und rechtspolitische Folgerungen –

Allgemeine Geschäftsbedingungen

Bilanz und rechtspolitische Folgerungen

von
Dr. iur. Joachim Schmidt-Salzer
Braunschweig

1973

J. Schweitzer Verlag · Berlin

Vortrag gehalten vor dem Handelsrechtsausschuß
des Deutschen Anwaltvereins e.V. am 1. Juni 1973 in Hamburg

ISBN 3 8059 0351 0

Satz: Fotosatz Prill, Berlin – Druck: W. Hildebrand, Berlin

Inhaltsverzeichnis

I. Der Stand der Rechtsprechung

1. Das am 1.1.1900 in Kraft getretene BGB kennt keine Sondervorschriften für Allgemeine Geschäftsbedingungen. Es beruht entsprechend den damaligen politischen Vorstellungen im wesentlichen auf dem formalen Vertragsprinzip: vor dem Gesetz sind die Parteien gleich und steht ihnen eine gleiche Vertragsfreiheit zu. Die Grenzen dieser Vertragsfreiheit sind relativ sehr weit gesteckt, indem das BGB nur sehr wenige zwingende, durch Parteivereinbarung nicht abänderbare Vorschriften enthält. Neben diesen Vorschriften bietet nur § 138 BGB („Ein Rechtsgeschäft, das gegen die guten Sitten verstößt, ist nichtig") eine für extreme Fälle gedachte Generalklausel.

2. Bereits *Menger* und Otto *von Gierke* hatten dieses grundsätzliche Außerachtlassen der wirtschaftlichen Machtverschiedenheiten kritisiert. Zu gesetzgeberischen grundlegenden Änderungen kam es allerdings nicht. Die Rechtsprechung reagierte erst nach langem Zögern auf diese Problemstellung, indem sie gegenüber Allgemeinen Geschäftsbedingungen auf § 138 BGB zurückgriff und unübliche bzw. sachlich einseitige Klauseln für unwirksam erklärte, wenn der Aufsteller bzw. Benutzer der AGB sich praktisch in einer Monopol- oder Obligopolstellung befand[1]. Nachdem das *Reichsgericht* in den letzten Jahren seiner Tätigkeit erste Ansätze zu einer Loslösung vom Kriterium der wirtschaftlichen Überlegenheit des Benutzers der AGB entwickelt hatte[2], stellte der *Bundesgerichtshof* nach anfänglichem Schwanken durch die grund-

---

1 Vgl. *RG*, 15.5.1920, RGZ 99 S. 107, 110; *RG*, 15.12.1933, RGZ 143 S. 24,28

2 *RG*, 19.10.1942, Seuff, A Bd. 97 Nr. 6, S. 17 f.

legende Entscheidung vom 29.10.1956[3] klar, daß AGB grundsätzlich anderen, im Vergleich zur allgemeinen Vertragsfreiheit engeren Inhaltsgrenzen unterliegen als individuell ausgehandelte Vertragsbestimmungen. Nach allgemeinem Vertragsrecht sind auch inhaltlich einseitige und/oder unübliche Vertragsbestimmungen rechtswirksam, sofern sie nicht ausnahmsweise gegen § 138 BGB verstoßen. AGB dagegen sind nur rechtswirksam, wenn sie a) üblich[4] bzw. b) sachlich angemessen[5] sind. Nicht alles, was rechtswirksam wäre, wenn es individuell ausgehandelt wurde, ist also rechtswirksam, wenn es mittels AGB zum Vertragsinhalt wurde[6]. Demzufolge können bestimmte Sachregeln nicht mittels AGB rechtswirksam zum Bestandteil von Einzelverträgen werden, sondern setzt ihre Rechtswirksamkeit ein individuelles Aushandeln voraus[7]. Nach dem derzeitigen Stand der deutschen Rechtsprechung[8] ist diese sog. richterliche Inhaltskontrolle der AGB tatbestandlich unabhängig von den wirtschaftlichen Machtverhältnissen. AGB und Formularverträge[9] obliegen generell dieser richterlichen Inhaltskontrolle, ohne daß z.B. zwischen dem nichtkaufmännischen und dem vollkaufmännischen Verkehr unterschieden würde.

Seit der zweiten grundlegenden Entscheidung des *Bundesgerichtshofs* vom 17.2.1964[10] hat sich die Rechtsprechung über die Inhaltskontrolle der AGB so verfestigt, daß rechtssoziologisch gesehen im heutigen lebenden deutschen Recht ein richterrechtlich geformtes, ungeschriebenes und eigenständiges „Recht der AGB" besteht, dessen entscheidender Kern jene Inhaltskontrolle ist.

---

3 *BGH*, 29.10.1956, BGHZ 22 S. 90, 96 ff.

4 OLG *Karlsruhe*, 16.11.1970, VersR 1971 S. 158, 160, Ziff. 4.

5 *BGH*, 17.2.1964, BGHZ 41 S. 151, 153 f.; *BGH*, 4.6.1970, BGHZ 54 S. 106, 109.

6 *BGH*, 4.11.1964, NJW 1965 S. 246.

7 *BGH*, 3.12.1969, WM 1970 S. 392, 393.

8 Abweichend einige Verfasser: vgl. im einzelnen Ziff. 27.

9 Vgl. dazu im einzelnen Ziff. 24.

10 *BGH*, 17.2.1964, BGHZ 41 S. 151, 153 f.

3. Aufgrund der richterlichen Inhaltskontrolle sind also AGB nur dann und nur soweit rechtswirksam, wie sie sachlich angemessen und/oder üblich sind. Das Kriterium der Üblichkeit ist praktisch nur von äußerst geringer Bedeutung[11]. Dies erklärt sich rechtstatsächlich damit, daß sehr schnell in den einzelnen Branchen eine Angleichung der von den Wettbewerbern benutzten Geschäftsbedingungen durch den „Blick auf den Wettbewerber" erfolgt, so daß erfahrungsgemäß relativ selten neuartige Klauseln zum Gegenstand gerichtlicher Auseinandersetzungen werden. Die für die Praxis wichtigste Norm des Rechts der AGB ist deshalb der Satz, daß AGB die Interessen des Kunden angemessen berücksichtigen müssen[12], was in der negativen Formulierung bedeutet: AGB sind nur dann und nur soweit rechtswirksam, wie sie sachlich angemessen sind. Da es sich bei dem Begriff der sachlichen Angemessenheit um einen sog. unbestimmten Rechtsbegriff handelt, sind bei seiner Anwendung sämtliche Umstände des betreffenden Einzelfalls zu beurteilen. Daraus ergibt sich, daß zunächst einmal zu prüfen ist, ob die entscheidungserhebliche Klausel auf einem berechtigten Interesse des Benutzers der AGB beruht. Weiterhin ist aber auch zu prüfen, ob die betreffende Klausel auch die berechtigten Interessen des Kunden respektiert[13]. Dies läuft praktisch immer auf eine Abwägung zwischen den beiderseitigen berechtigten Interessen hinaus.

4. Kann sich allerdings einerseits der Benutzer der AGB darauf berufen, daß die in seinen Bedingungen vorgenommene Abweichung vom dispositiven Recht aus seiner Sicht auf einem sachlich berechtigten Interesse beruht und kann sich andererseits auch der Kunde darauf berufen, daß die Beibehaltung des dispositiven Rechts seinem berechtigten Interesse entspricht, stellt sich die Frage, welchem Interesse der Vorrang zuzubilligen ist. Die für die Beantwortung dieser Frage erforderlichen Anhaltspunkte ergeben sich aus den Normen des dispositiven Rechts. Sie bringen zum Ausdruck, auf welchen Ordnungsvorstellungen das Zivilrecht beruht (*sog. Ordnungs- bzw. Leitbildfunktion des dis-*

11 Vgl. aber OLG *Karlsruhe*, a.a.O. (Fußn. 4).

12 *BGH*, 19.4.1972, DB 1972 S. 1285.

13 *BGH*, 18.10.1972, BB 1972 S. 1527, 1528.

positiven Rechts). Sie ergeben insoweit eine Orientierungshilfe für die Entscheidung der Frage, welchem berechtigten Interesse der Vorrang einzuräumen ist[14].

a) Bei Rechtspositionen mit ausgesprochenem Gerechtigkeitsgehalt (z.B. Gerichtsstand-, Beweislast- oder Haftungsregeln), die nicht nur auf reinen Zweckmäßigkeitserwägungen beruhen, sondern bestimmte rechtspolitische Schutz- und Ordnungsfunktionen erfüllen, kommt wegen dieses Gerechtigkeitsgehalts den berechtigten Interessen des Kunden mehr Gewicht als denen des Unternehmers zu. Die sog. Ordnungs- bzw. Leitbildfunktion des dispositiven Rechts gibt insoweit den Ausschlag dafür, daß das Kundeninteresse vorrangig ist. Eine die berechtigten Interessen des Kunden beeinträchtigende Klausel ist (insoweit) unwirksam[15], weil der Grundsatz der Vertragsfreiheit hinsichtlich formularmäßiger Vertragsgestaltungen seine Grenze an dem Kriterium der sachlichen Angemessenheit findet, das seinerseits inhaltlich unter gedanklicher Ausrichtung an den Wertungen des dispositiven Rechts zu präzisieren ist. Will der Benutzer bzw. Aufsteller der AGB die betreffende Sachregelung rechtswirksam zum Vertragsinhalt machen, muß er dies individuell mit dem Betreffenden aushandeln.

b) Bei Rechtspositionen mit geringerem Gerechtigkeits- und überwiegendem Zweckmäßigkeitsgehalt (z.B. Aufrechnungs- oder Zurückbehaltungsrechte) dagegen kann der Kunde nicht geltend machen, daß seine berechtigten Interessen den *Vorrang* vor den berechtigten Interessen des Unternehmers verdienen. Angesichts des Patts der beiderseitigen berechtigten Interessen gibt hier der Grundsatz der Vertragsfreiheit den Ausschlag dafür, daß der Kunde an die auf einem berechtigten Interesse des Unternehmers beruhende Klausel gebunden ist[16].

---

14 *BGH*, 17.2.1964, BGHZ 41 S. 151, 153 f.; *BGH*, 18.10.1972, BB 1972 S. 1527, 1528.

15 Vgl. *BGH*, 18.10.1972, a.a.O.

16 Vgl. im einzelnen Ziff. 9.

c) Je höher der Gerechtigkeitsgehalt der (geschriebenen oder ungeschriebenen) dispositiven Normen ist, auf denen die Rechtsposition des Kunden beruht, umso gewichtiger müssen die von dem Unternehmer vorgebrachten Gründe sein und ein umso strengerer Maßstab ist an die Rechtswirksamkeit der Klausel anzulegen (Grundsatz der Verhältnismäßigkeit)[17]: es muß dann für den Kunden ein Mindestmaß von Rechten gewahrt bleiben, das dem Wesensgehalt des Gerechtigkeitsgedankens entspricht, der der gesetzlichen Sachregelung zugrundeliegt[18]. Wenn und soweit zwar keine Gesetzesnormen, aber doch ungeschriebene, von der Rechtsprechung entwickelte Normen (z.B. Haftung für positive Vertragsverletzungen) abbedungen werden, ist zu analysieren, welche Interessenbewertungen diesen richterrechtlichen Normen zugrundeliegen. Wenn und soweit (z.B. bei Automatenaufstell- oder Leasing-Verträgen) bei relativ neuen Vertragstypen die Rechtsprechung keine klaren Bewertungsgrundlagen herausgearbeitet hat, sind zunächst die Vertragsbeziehungen objektiv zu beurteilen, d.h. ist hypothetisch die Frage zu stellen, welche Pflichten den Parteien oblägen, falls sie hinsichtlich der streiterheblichen Klauseln keine Regelungen getroffen hätten: alsdann ist die AGB-Klausel an dieser objektiven Norm zu messen[19]. Der Obersatz ist stets, daß bei der Beurteilung der sachlichen Angemessenheit eine objektive Interessenabwägung zu erfolgen hat[19a]. Bei der Vornahme dieser Interessenabwägung gibt das dispositive Gesetzesrecht sowie geben die im Laufe der Zeit von der Rechtsprechung entwickelten ungeschriebenen Normen des dispositiven Rechts nicht mehr und nicht weniger als gedankliche Hilfen.

5. In der Sache war in der Zeit nach 1950 die richterliche Inhaltskontrolle der AGB abgesehen von einigen älteren, interessegebundenen Äußerungen unbestritten. Der Streit verlagerte sich lediglich auf die wissenschaftliche Frage nach der Rechtsgrundlage dieser Inhaltskontrolle. Insbesondere wurde hier

---

17 OLG *Hamburg*, 12.7.1967, MDR 1967 S. 1006.

18 *BGH*, 4.6.1970, BGHZ 54 S. 106, 112.

19 Vgl. *BGH*, 11.11.1968, BGHZ 51 S. 55 ff.

19a Vgl. *BGH*, 13.7.1972, WM 1972 S. 1248, 1249.

diskutiert, ob die Inhaltskontrolle ihre Rechtsgrundlage in § 138, § 242 oder § 315 Abs. 3 BGB findet. Bei rechtssoziologischer Betrachtung ist m.E. dieser Streit eine neo-positivistische Erscheinung, indem versucht wird, eine zeitlich weit nach dem Inkrafttreten des BGB eingetretene Entwicklung der Rechtsprechung nachträglich mit einer positivrechtlichen Vorschrift abzusichern. Methodologisch handelt es sich bei der richterlichen Inhaltskontrolle um ein richterrechtlich geformtes Institut, das gegenüber dem BGB des Jahres 1900 eine Rechtsfortbildung darstellt, so daß letztlich die Frage nach einer pseudopositivistischen Legitimation dahingestellt bleiben kann.

6. Neuerdings wird allerdings von *Grunsky*[20] die richterliche Inhaltskontrolle der AGB und insbesondere die Leitbildfunktion des dispositiven Rechts als solche angezweifelt. *Grunsky* stellt hierbei einseitig auf die Frage nach der Praktikabilität des Gerechtigkeitsgehalts der abbedungenen Normen ab. Demgegenüber ist folgendes klarzustellen:

a) Wie vorstehend dargelegt, ergibt der Gerechtigkeitsgehalt der einschlägigen abbedungenen Normen lediglich eine Gedankenhilfe für die inhaltliche Präzisierung des unbestimmten Rechtsbegriffs der sachlichen Angemessenheit. Es ist allerdings nicht zu verkennen, daß die Handhabung der Inhaltskontrolle wegen dieser generalklauselartigen Formulierung mit all den Unsicherheiten und Anwendungsschwierigkeiten verbunden ist, die bei Generalklauseln bestehen. Gerade aber die Generalklausel bietet die Handhabe, flexibel unter Anpassung an die jeweiligen Umstände des Einzelfalles vorzugehen. Die Rechtsprechung zu § 242 BGB und zu § 1 UWG hat klar gezeigt, daß Generalklauseln sehr schnell typologisch erschlossen werden: es kristallisieren sich sehr schnell typische Sachverhaltsgruppen heraus, für die von vornherein feststeht, wie sie zu beurteilen sind; dies führt dazu, daß praktisch nur noch atypische Sachverhalte individuell beurteilt werden. Daß diese Prognose auch für die Generalklausel über die Inhaltskontrolle der AGB zutrifft, belegt der derzeitige Stand des Rechts der AGB. Z.B. für Gewährleistungs- und Haftungsausschlußklauseln steht bereits jetzt hinsichtlich der wichtigsten Fragen fest, zu

20 *Grunsky*, BB 1971 S. 1113 ff.

welchen Ergebnissen die Inhaltskontrolle führt, so daß hier für Richter und Anwälte, die die Judikatur verwerten, Rechtsanwendungsschwierigkeiten nicht mehr bestehen. Das gleiche gilt für weite Bereiche der Makler-Geschäftsbedingungen und einzelne typische Klauseln wie z.B. Beweislastumkehrungen, Forderungsabtretungsverbote oder Aufrechnungsausschlußklauseln. Zwar bestehen noch viele offene Einzelfragen, für die statt aller das Problem der Zulässigkeit von formularmäßigen Gerichtsstandvereinbarungen zu nennen ist. Gerade weil sich die Rechtsprechung jetzt aber in Riesenschritten fortentwickelt und verfestigt, ist damit zu rechnen, daß mehr und mehr heute noch offene typische Einzelfragen bald geklärt sein werden, so daß die Einwände gegen die generalklauselartige Fassung gewissermaßen mehr und mehr austrocknen werden.

b) Die dargelegte Leitbildfunktion des (geschriebenen bzw. ungeschriebenen) dispositiven Rechts beinhaltet keineswegs, daß die Normen des dispositiven Rechts praktisch zu quasi-zwingenden Normen werden. *Grunsky* übersieht, daß der Gerechtigkeitsgehalt der einschlägigen abbedungenen Normen nicht Tatbestandsmerkmal der Inhaltskontrolle, sondern nur Anwendungshilfsmittel ist. Das hier anzuwendende Tatbestandsmerkmal ist das Kriterium der sachlichen Angemessenheit. Dieses Kriterium ist aber ein unbestimmter Rechtsbegriff, dessen Anwendung eine wertende Beurteilung sämtlicher Umstände des Einzelfalles voraussetzt. Gerade dieses notwendige Abstellen auf die konkrete Sachlage ergibt rechtstechnisch die Möglichkeit dafür, daß den Parteien der Kerngehalt der Vertragsfreiheit, nämlich die Möglichkeit einer Anpassung des Vertragsinhalts an die besondere Sachlage, erhalten bleibt, daß aber andererseits diese Vertragsfreiheit doch gewissen Grenzen unterliegt.

7. Im Einzelnen läßt sich dies am besten am Beispiel der Inhaltsgrenzen formularmäßiger Gewährleistungsregelungen darlegen.

a) Handelt es sich um den Verkauf von Neuwaren, ist z.B. von folgendem auszugehen. Das BGB hat dem Käufer in §§ 459 ff. das Recht eingeräumt, sich gegen die Aufdrängung einer nicht vertragsgemäßen Ware zum Vertragspreis zu wehren. Ein individuell ausgehandelter Gewährleistungsverzicht wäre zwar rechtswirksam (arg. e § 476 BGB). Ein formularmäßiger Ausschluß der Gewährleistungshaftung für Neuwaren ist dagegen nach ständiger Rechtsprechung unwirksam, weil sachlich unangemessen[21].

b) Bei Gebrauchtwaren dagegen sind aufgrund des Gebrauchs Abnutzungserscheinungen unvermeidbar. Deshalb hat der Verkäufer einer gebrauchten Sache ein berechtigtes Interesse daran, nicht für Mängel haften zu müssen, die sich daraus ergeben, daß die Sache nicht mehr neu ist. Da aufgrund des Angemessenheitskriteriums die beiderseitigen berechtigten Interessen gegeneinander abzuwägen sind, ist diese Situation zu berücksichtigen. Der den §§ 459 ff. BGB zugrunde liegende Ordnungsgedanke trifft sachlich auf den Gebrauchtwarenhandel nicht voll zu, weil er die besondere Situation des Gebrauchtwarenverkäufers nicht berücksichtigt. Demzufolge kann man davon ausgehen, daß die Ordnungsfunktion der §§ 459 ff. BGB für den Bereich des Gebrauchtwarenverkaufs jedenfalls nichts für einen *Vorrang* der Käuferinteressen ergibt. Das aber bedeutet, daß sich der Gebrauchtwarenverkäufer darauf berufen kann, daß der Gewährleistungsausschluß sachlich berechtigt ist und ein vorrangiges Interesse des Kunden nicht verletzt und demzufolge rechtswirksam ist[22].

c) Gegenüber dem Grundgedanken der §§ 459 ff. BGB ist die technische Ausgestaltung, die die Gewährleistungsansprüche im BGB gefunden haben, relativ zweitrangig. Erfolgt eine Nachbesserung oder eine Ersatzlieferung, erhält der Käufer im Endergebnis doch eine vertragsgemäße Ware, so daß es nur gerechtfertigt ist, wenn er auch zur Zahlung des Vertragspreises verpflichtet bleibt. Dementsprechend erkennt es die Rechtsprechung an, daß die gesetzlichen Gewährleistungsrechte durch eine Verpflichtung des Verkäufers zur Nachbesserung bzw. Ersatzlieferung formularmäßig abbedungen werden können[23]. Die Einräumung des Nachbesserungs- bzw. Ersatzlieferungsanspruchs rechtfertigt also in diesem Fall die Anerkennung des Gewährleistungsausschlusses.

---

21 *BGH*, 29.10.1956, BGHZ 22 S. 90, 96 ff.

22 *BGH*, 21.3.1966, NJW 1966 S. 1070, 1071; *BGH*, 8.10.1969, NJW 1970 S. 29, 31.

23 *BGH*, 29.10.1956, BGHZ 22 S. 90, 99; *BGH*, 26.11.1957, NJW 1968 S. 419; *BGH*, 2.4.1962, BGHZ 37 S. 94, 98.

d) Unterbleibt allerdings die Nachbesserung, schlägt sie fehl oder ist sie von vornherein unmöglich, dann steht fest, daß die Ware im Endergebnis nicht vertragsgemäß ist. Ist Grundgedanke der gesetzlichen Gewährleistungsregelung, daß dem Käufer nicht im Endergebnis eine nicht vertragsgemäße Ware zum vollen Vertragspreis aufgezwungen werden darf, dann muß dieser Grundgedanke bei einer derartigen Sachlage wieder zum Tragen kommen. Dementsprechend erkennt die Rechtsprechung an, daß bei Unterbleiben, Fehlschlagen oder Unmöglichwerden der Nachbesserung bzw. Ersatzlieferung die gesetzlichen Gewährleistungsrechte wieder aufleben[24]. Eine Klausel, durch die die Gewährleistungsansprüche unter Ausschluß sämtlicher sonstigen Ansprüche auf einen Anspruch auf Nachbesserung bzw. Ersatzlieferung begrenzt werden, ist also bei einer derartigen Sachlage unwirksam[25]. Ein Ersetzen der Gewährleistungsrechte durch einen Nachbesserungs- bzw. Ersatzlieferungsanspruch des Käufers ist also nur dann und nur soweit rechtswirksam, wie die Nachbesserung bzw. Ersatzlieferung dem Käufer tatsächlich eine im Endergebnis mangelfreie Ware verschafft.

e) Wird dagegen dem Käufer für den Fall eines Unterbleibens, Fehlschlagens oder Unmöglichwerdens der Nachbesserung unter Ausschluß sonstiger Rechte ein Wandlungs- bzw. Rücktrittsrecht eingeräumt, hat er die Möglichkeit, sich gegen die Aufzwingung einer im Endergebnis nicht vertragsgemäßen Ware zu wehren. Der Grundgedanke der gesetzlichen Gewährleistungsregelung ist also respektiert. Zwar sind Schadensersatzansprüche und der Minderungsanspruch ausgeschlossen. Dies ist aber zulässig[26], weil der Strahlungsbereich des Grundgedankens der gesetzlichen Gewährleistungsregelung nicht auch diese Ansprüche umfaßt.

f) Ist dagegen das Wandlungs- bzw. Rücktrittsrecht ausgeschlossen, während dem Käufer lediglich ein Minderungsrecht eingeräumt wird, kann er sich im

---

24 *BGH*, 29.10.1956, BGHZ 22 S. 90, 100.

25 Ebenso *Stötter*, DB 1969 S. 647, 648.

26 Vgl. im einzelnen *Schmidt-Salzer*, Allgemeine Geschäftsbedingungen, 1971, Rz. 148, m.w.N.

Endergebnis nicht gegen die Aufzwingung einer nicht vertragsgemäßen Ware wehren. Die Mängel können aber für den vom Käufer in Aussicht genommenen Verwendungszweck so erheblich sein, daß ihm mit einem Minderungsanspruch nicht gedient ist. Infolgedessen muß er vom Grundgedanken der gesetzlichen Gewährleistungsregelung her die Möglichkeit haben, sich gegen die Aufzwingung der nicht vertragsgemäßen Ware zu wehren, so daß eine derartige formularmäßige Regelung unwirksam ist[27].

g) Handelt es sich allerdings nicht um einen Kauf-, sondern um einen Werkvertrag, dann stellt sich ein Sonderproblem. Im Werkvertragsrecht ist die Gewährleistung bereits von Gesetzes wegen in der Weise geregelt, daß der Unternehmer in erster Linie nachzubessern hat und daß dem Werkbesteller erst bei Fehlschlagen der Nachbesserung die weiteren Gewährleistungsrechte zustehen. Die weiteren Gewährleistungsrechte entstehen also erst nach Durchlaufen der Nachbesserungsphase. Im Hinblick auf diese Rechtslage geht die Rechtsprechung davon aus, daß im Werkvertragsrecht ein Wiederaufleben der gesetzlichen Gewährleistungsansprüche tatbestandlich von vornherein nicht in Betracht komme und daß die zu §§ 459 ff. BGB entwickelten inhaltlichen Schranken formularmäßiger Gewährleistungsregelungen nicht unmittelbar auf §§ 634, 635 BGB übertragen werden könnten[28]. Die praktische Konsequenz dieser Grundeinstellung ist nach dem derzeitigen Stand der Rechtsprechung, daß (anders als im Kaufrecht) eine formularmäßige Beschränkung der Rechte des Werkbestellers auf einen Nachbesserungsanspruch auch im Fall des Unterbleibens, Fehlschlagens oder Unmöglichwerdens der Nachbesserung rechtlich anerkannt wird: die Rechtsprechung argumentiert hier, daß eine formularmäßige Begrenzung der Gewährleistungshaftung auf einen Nachbesserungsanspruch auch eine echte Begrenzung zum Gegenstand haben müsse; würden bei Fehlschlagen, Unterbleiben oder Unmöglichwerden der Nachbesserung entsprechend der gesetzlichen Regelung die gesetzlichen Gewährleistungsrechte (Anspruch auf Wandlung, Minderung oder Schadensersatz) entstehen,

---

27 Anderer Ansicht OLG *Frankfurt*, zitiert nach *BGH*, 22.10.1969, NJW 1970 S. 383, 384, Ziff. I.

28 *BGH*, 18.6.1959, LM, Nr. 4 zu: 635 BGB; OLG *Celle*, 26.9.1969, BB 1969 S. 1243.

würde dies eine formularmäßige Begrenzung der Gewährleistung auf das Nachbesserungsrecht „inhalts- und geradezu sinnlos" machen[29]. Dieses Ergebnis ist nach Ansicht der Rechtsprechung gerechtfertigt: der Werkbesteller sei keineswegs rechtlos; vielmehr stünden ihm Schadensersatzansprüche wegen eventueller schuldhafter Verletzungen der Nachbesserungspflicht zu[30].

Dies ist aber nur teilweise zutreffend. Auch die werkvertraglichen Gewährleistungsrechte bezwecken einen gerechten Ausgleich zwischen den berechtigten Belangen der Parteien. Demzufolge müssen §§ 634, 635 BGB ebenso wie §§ 459 ff. BGB bei formularmäßigen Vertragsgestaltungen eine Leitbildfunktion für die vorzunehmende Interessenabwägung entfalten. Ist Grundgedanke der gesetzlichen Gewährleistungsregel, daß dem Abnehmer keine fehlerhafte Ware zum Vertragspreis aufgedrängt werden darf, dann muß bei Unterbleiben, Fehlschlagen oder Unmöglichwerden der Nachbesserung jedenfalls der Ausschluß des Wandlungsrechts unwirksam sein. Zwar hat die Rechtsprechung anerkannt, daß auch trotz des Ausschluß des Wandlungsrechts ein Schadensersatzanspruch wegen Verletzung der Nachbesserungspflichten im Ergebnis auf Befreiung des Bestellers von den Beeinträchtigungen des nutzlos gewordenen Vertrages gehen kann, d.h. daß der Werkbesteller Rückzahlung des bereits gezahlten Werklohns Zug um Zug gegen Rücknahme der mangelhaften Sache verlangen kann[31]. Dieser Anspruch setzt aber ein Verschulden des Werkunternehmers voraus. Demzufolge hat der Werkbesteller nur bei Vorliegen eines Verschuldens des Werkherstellers die Möglichkeit, sich im Ergebnis gegen die Aufzwingung einer fehlerhaften Ware zum Vertragspreis zu wehren. In den Fällen dagegen, in denen ein Verschulden nicht vorliegt, würde ihm im Endergebnis eine fehlerhafte Ware zum Vertragspreis aufgezwungen, wenn seine Gewährleistungsrechte unter Ausschluß des Wandlungsrechts auf den Nachbesserungsanspruch beschränkt wären, so daß die derzeitige Rechtsprechung insoweit abzulehnen ist.

---

29 Vgl. die vorstehenden Entscheidungen.

30 Vgl. die vorstehenden Entscheidungen.

31 Vgl. OLG *Celle,* 26.9.1969, BB 1969 S. 1243.

Wird dagegen dem Werkbesteller bei Unterbleiben, Fehlschlagen oder Unmöglichwerden der Nachbesserung das Wandlungsrecht eingeräumt, während das Minderungsrecht sowie der Schadensersatzanspruch ausgeschlossen sind, dann kann er sich von dem Vertrag lösen. Demzufolge wird mit dieser Gestaltung dem Grundgedanken der gesetzlichen Gewährleistungsregelung Rechnung getragen, so daß sie zulässig ist.

Entgegen dem derzeitigen Stand der Rechtsprechung ist also im Werkvertragsrecht hinsichtlich der Wirksamkeitsgrenzen formularmäßiger Gewährleistungsbeschränkungen von folgendem auszugehen: grundsätzlich ist dem Werkbesteller ein Nachbesserungsanspruch einzuräumen; im Fall des Unterbleibens, Fehlschlagens oder Unmöglichwerdens der Nachbesserung kann zwar das Recht auf Minderung und das Recht auf Schadensersatz ausgeschlossen werden; nicht ausgeschlossen werden kann dagegen das Recht auf Wandlung.

8. Weitere praktisch wichtige Beispiele für die Leitbildfunktion der dem BGB zugrundeliegenden Ordnungsentscheidungen ergeben die formularmäßigen Freizeichnungs- sowie die formularmäßigen Beweislastklauseln. Während das BGB grundsätzlich die Freizeichnung von der eigenen groben Fahrlässigkeit sowie die Freizeichnung vom Vorsatz sowie von der Fahrlässigkeit von Erfüllungsgehilfen zuläßt (§§ 276, 278 BGB), hat die Rechtsprechung für formularmäßige Freizeichnungsklauseln davon abweichende, engere Wirksamkeitsgrenzen festgelegt: der Schuldner kann sich zwar vom Verschulden seiner Erfüllungsgehilfen freizeichnen; er kann sich aber nicht von der Haftung für eigene grobe Fahrlässigkeit bzw. von der Haftung für Vorsatz oder grobe Fahrlässigkeit seiner leitenden Angestellten freizeichnen[32]. Hinsichtlich von formularmäßigen Beweislastklauseln hat der *Bundesgerichtshof* klargestellt, daß Grundgedanke der bestehenden positivrechtlichen oder von der Rechtsprechung entwickelten Beweislastregeln jeweils der Gedanke der Zumutbarkeit der Beweisführung ist: daraus ergibt sich, daß die Beweislastregeln keineswegs nur

32 *BGH*, 29.10.1962, BGHZ 38 S. 183, 185.

Zweckmäßigkeitscharakter, sondern vor allem einen hohen Gerechtigkeitsgehalt aufweisen. Demzufolge können sie nicht formularmäßig abbedungen werden[33].

Weiterhin ist auf die Rechtsprechung zu den Makler-Geschäftsbedingungen hinzuweisen[34], für die die Rechtsprechung vom gesetzlichen Leitbild des Maklervertrages ausgeht und differenzierte Wirksamkeitsgrenzen entwickelt hat.

9. Die Zulässigkeit von Forderungsabtretungen dagegen ist im wesentlichen eine rechtstechnische Zweckmäßigkeitsentscheidung, indem der Rechtsverkehr erleichtert werden soll. Keineswegs steht dahinter eine rechtspolitische Entscheidung, daß dem Gläubiger die Forderung als Finanzierungsmittel zur Verfügung stehen soll. Aus diesem Grund erkennt die Rechtsprechung an, daß die Abtretbarkeit der Forderungen gegen den Benutzer der AGB formularmäßig rechtswirksam ausgeschlossen werden kann[34a].

Auch die Zulassung der Aufrechnung ist eine vor allem der Vereinfachung des Wirtschaftsverkehrs dienende Regelung. Insoweit trägt sie überwiegenden Zweckmäßigkeitscharakter. Konsequenterweise erkennt die Rechtsprechung einen formularmäßigen Ausschluß der Aufrechnung mit Gegenforderungen an[35]. Dasgleiche gilt für Zurückbehaltungsrechte.

Noch nicht endgültig geklärt ist zur Zeit, ob der Schuldner auch rechtswirksam mit Einwendungen gegen den vom Benutzer der AGB geltend gemachten Anspruch auf ein gesondertes Verfahren verwiesen werden kann. Der praktisch wichtigste Fall betrifft hier die Vorleistungsklauseln in formularmäßigen Gewährleistungsregelungen, durch die der Käufer verpflichtet wird, den Kaufpreis unabhängig von etwaigen Mängelansprüchen zunächst zu zahlen. Während die Rechtsprechung zunächst derartige Klauseln anerkannt hatte, sind

---

33 *BGH*, 17.2.1964, BGHZ 41 S. 151, 153 f.

34 Vgl. dazu im einzelnen *Schmidt-Salzer*, a.a.O. (Fußn. 26) Rz 200 ff.

34a *BGH*, 6.11.1967, VersR 1968 S. 35, 36; *BGH*, 17.12.1969, WM 1970 S. 286, 287.

35 *BGH*, 17.2.1956, WM 1956 S. 563, 564; *BGH*, 8.10.1969, NJW 1970 S. 29, 30.

Ansätze erkennbar, gegenüber einem eingeklagten Kaufpreis Mängelrügen zuzulassen[36]. Vom Grundgedanken der §§ 459 ff. BGB ist dies m.E. zwingend geboten; zwar hat der Verkäufer ein berechtigtes Interesse daran, daß nicht der Käufer unter Berufung auf angebliche Mängel der gelieferten Sache die Zahlung des Kaufpreises verzögert; andererseits hat aber auch der Käufer ein berechtigtes Interesse daran, daß der Käufer entweder die vertraglich vereinbarte Nachbesserung bzw. Ersatzlieferung vornimmt oder aber daß ihm ein Rücktrittsrecht zusteht. Müßte er erst den Kaufpreis zahlen, bevor er von dem Verkäufer die Nachbesserung bzw. Ersatzlieferung verlangen kann, wird ihm das bei wirtschaftlicher Betrachtung beste Druckmittel, mit dem er den Verkäufer zu einer baldigen Nachbesserung bzw. Ersatzlieferung zwingen kann, genommen. Bei Beachtung der Ordnungsfunktion der §§ 459 ff. BGB sind deshalb m.E. Vorleistungsklauseln wegen der Ausstrahlung der gesetzlichen Gewährleistungsregelung in dem Sinn auszulegen, daß sie nicht gegenüber Gewährleistungsansprüchen eingreifen. Gegenüber sonstigen, nicht mit Mängeln der Kaufsache begründeten Ansprüchen greifen sie dagegen durch, weil insoweit die gesetzliche Gewährleistungsregelung nicht zum Tragen kommt.

10. Die gegebenen Beispiele belegen die Flexibilität des Angemessenheitskriteriums. Sie zeigen, daß die dispositiven Normen keineswegs eine Sperrwirkung entfalten und daß sie im Rahmen der Inhaltskontrolle der AGB keineswegs zu zwingenden Normen werden. Wenn und soweit mehrere Vertragsgestaltungen in Betracht kommen, wie es insbesondere bei Gewährleistungs- und Haftungsausschlußklauseln der Fall ist, ergeben die dispositiven Normen nur die Bewertungsgrundlinien; wenn und soweit nur die Alternative Gültigkeit oder Ungültigkeit der AGB besteht, wie es z.B. bei Beweislastumkehrungen oder Gerichtsstandsregelungen der Fall ist, werden die dispositiven Normen praktisch zu formularmäßig nicht abdingbaren Normen. Dies liegt aber nicht im Wesen der Inhaltskontrolle, sondern in der Natur der durch die AGB betroffenen Fragen. Mit dem Angemessenheitskriterium ist normstrukturell die Einräumung eines gewissen Gestaltungsspielraums verbunden, der durch das zwingende Recht gerade ausgeschlossen ist. Qualitativ besteht also zwischen der

36 Vgl. *BGH*, 18.9.1967, BGH 48 S. 264, 267 f. = NJW 1968 S. 44, 46.

Inhaltskontrolle der AGB und dem zwingenden Recht ein entscheidender Unterschied, der sich lediglich im Einzelfall wegen der jeweiligen besonderen Fragenstellung verwischen kann.

11. Ein zweiter, für die Praxis äußerst wichtiger Kernsatz des Rechts der AGB ist der Satz, daß bei Widersprüchen zwischen dem Individualvertrag und den AGB der Individualvertrag vorgeht[37]. Mündliche, hand- oder maschineschriftliche Vertragsbestimmungen sind also danach stets gegenüber gedruckten Vertragsklauseln vorrangig.

Die praktisch wichtigste Fallgruppe betrifft den Ausschluß der Schadensersatzhaftung für Eigenschaftszusicherungen im Kaufrecht. Aufgrund des Kleber-Urteils des *Bundesgerichtshofs* vom 29.5.1968[38] kann sich die (verschuldensunabhängige) Schadensersatzhaftung aus Eigenschaftszusicherung gemäß § 463 BGB auch auf die sog. Mangelfolgeschäden erstrecken. Dies ist der Fall, wenn die Eigenschaftszusicherung nicht nur den Zweck verfolgt, dem Käufer „den ungestörten Genuß der Kaufsache" zu gewährleisten, wie es z.B. hinsichtlich der Fabrikneuheit eines Kraftfahrzeugs der Fall ist[39]. Vielmehr erstreckt sich die Haftung aus Eigenschaftszusicherungen in den Fällen auf Mangelfolgeschäden, in denen die Zusicherung den Käufer gegen bestimmte Schäden absichern soll. Benötigt z.B. der Käufer die Sache für einen bestimmten Zweck und muß sie dafür bestimmte Eigenschaften aufweisen (z.B. Eignung des gekauften Klebstoffs für die Befestigung von Deckenplatten) stellt sich im allgemeinen erst nach der Verwendung heraus, ob diese Eigenschaften vorliegen. Der Käufer besteht auf der Eigenschaftszusicherung, weil er gerade gegen die bei Fehlen der Eigenschaft zu befürchtenden Mangelfolgeschäden abgesichert sein will. Infolgedessen umfaßt in einem derartigen Fall die Haftung aus Eigenschaftszusicherung auch die Haftung für Mangelfolgeschäden. Enthalten allerdings die AGB des Verkäufers eine Klausel, auch bei Eigenschaftszusicherungen seien die Gewährleistungsansprüche des Käufers unter

---

37 Dazu siehe im einzelnen *Schmidt-Salzer,* a.a.O. (Fußn. 26) Rz. 84 ff.

38 *BGH,* 29.5.1968, BGHZ 50 S. 200, 207 = NJW 1968 S. 1622, 1624.

39 OLG, *Karlsruhe,* 16.6.1971, BB 1971 S. 1336, 1337.

Ausschluß der Schadensersatzhaftung auf einen Nachbesserungs- oder Ersatzlieferungsanspruch beschränkt, dann würde diese Klausel dem Käufer genau das nehmen, was ihm nach dem Sinngehalt der Eigenschaftszusicherung vertraglich eingeräumt wurde, nämlich die Gewißheit, daß ihm im Fall eines Fehlens der Eigenschaft ein Schadensersatzanspruch zusteht. Für diesen Fall hat der Bundesgerichtshof klargestellt, daß der Verkäufer „nach Treu und Glauben, nicht das was er im Vertragsangebot versprochen hat, durch Beifügung einer Freizeichnungsklausel in seinen AGB zunichte machen darf": einer Klausel, durch die die Haftung des Verkäufers unter Ausschluß der Schadensersatzhaftung auf eine Verpflichtung zur Ersatzlieferung begrenzt wird, könne bei dieser Sachlage keine rechtliche Wirkung zuerkannt werden[40].

---

40 *BGH*, 29.5.1968, a.a.O.

II. Die rechtspolitische Bilanz

12. Ergebnis der Analyse „de lege lata" ist also, daß das deutsche Recht dem Kunden gegenüber AGB einen besonderen Schutz einräumt. Angesichts dieser Bilanz könnte man die Auffassung vertreten, daß ein Tätigwerden des Gesetzgebers nicht erforderlich ist. Früher war ich auch dieser Auffassung. Die praktische Erfahrung als Anwalt hat mich eines anderen belehrt. So imponierend bei wissenschaftlicher Analyse der Stand und die Entwicklungstiefe sowie -breite des deutschen Rechts der AGB ist, so sehr muß doch im Auge behalten werden, daß die Praxis in einem bestürzenden Ausmaß entweder überhaupt nichts von dem Institut der richterlichen Inhaltskontrolle von AGB weiß oder aber bestenfalls mit formelhaftem Anrufen von Treu und Glauben bzw. dem Anstandsgefühl aller billig und gerecht Denkenden einerseits, der vom BGB eingeräumten Vertragsfreiheit andererseits mit Schrot schießt, wo die Rechtsprechung seit etwa 5–10 Jahren ein sehr präzises Instrumentarium entwickelt und bereitgestellt hat. Es ist verständlich, wenn Instanzgerichte und überlastete Anwälte gegenüber neuen Entwicklungen zurückhaltend sind, die in den Voraussetzungen und Auswirkungen zunächst noch nicht zu erkennen sind, zumal meist die zunächst nur in einigen wenigen Einzelentscheidungen formulierten neuen Rechtsgedanken nur schwer herauskristallisierbar und hinsichtlich der Anwendungsvoraussetzungen und -grenzen zu erkennen sind. Es ist aber m.E. unverständlich, wenn angesichts einer z.B. im *Palandt*[41] ausführlich verarbeiteten und analysierten Darstellung des Rechts der AGB die Inhaltskontrolle von AGB mit „Nichtwissen" oder „unsubstantiiert" bestritten wird. Da dies aber leider der Fall ist, kann auf ein Eingreifen des Gesetzgebers nicht verzichtet werden: auch das Recht der AGB so wie es die deutschen Gerichte unter der entscheidenden Führung des *Bundesgerichtshofs* entwickelt haben, bedarf zu seiner effektiven Verwurzelung in der Rechtswirklichkeit zumindest einer gesetzgeberischen Konsolidierung.

41 *Palandt-Heinrichs*, BGB, Einf. 6 vor § 145.

III. Die rechtspolitische Problemstellung

13. Leitbild und immanente Grundlage des Vertragsrechts ist, daß der Vertragsinhalt von den Parteien Punkt für Punkt ausgehandelt und damit zweiseitig gestaltet wird: da ein Vertrag zu seiner Geltung die Einigung der Parteien und damit ihre Zustimmung zu den einzelnen Klauseln voraussetzt, besteht hierdurch ein Hemm- und Gegengewichtsmechanismus, der jeder Partei die Möglichkeit gibt, sich gegen inhaltlich einseitige Sachregelungen zu wehren und der dadurch zu einem Abschleifen der beiderseitigen Interessen auf ein für beide tragbares Minimum führt. Der Vertragsmechanismus bietet also theoretisch die Gewähr dafür, daß der Inhalt zustande gekommener Verträge den Interessen beider Parteien entspricht[42].

AGB dagegen werden typischerweise gerade nicht inhaltlich ausgehandelt. Vielmehr werden sie lediglich aufgrund einer globalen, sich nicht auf den Inhalt der einzelnen Klauseln erstreckenden Einbeziehungserklärung des Kunden zum Vertragsinhalt. Dies bedeutet, daß hinsichtlich des Inhalts der AGB die vom Vertragsrecht vorausgesetzte zweiseitige Gestaltung gerade nicht erfolgt: typischerweise liegt bei AGB vielmehr nur eine einseitige Vertragsgestaltung vor[43].

Rechtstatsächlich gesehen handelt es sich demzufolge hinsichtlich der AGB um einen Sozialsachverhalt, bei dem die Voraussetzungen, auf denen das vertragsrechtliche Denkmodell beruht (nämlich zweiseitige Vertragsgestaltung), nicht gegeben sind. Diese Abweichung betrifft nicht nur relativ atypische

---

42 Vgl. im einzelnen *Schmidt-Salzer*, NJW 1971 S. 5 ff. sowie S. 173 ff.

43 *BGH*, 29.10.1962, BGHZ 38 S. 183, 185; *BGH*, 11.11.1968, BGHZ 51 S. 55, 60.

Einzelfälle des Sozialablaufs. Angesichts der tatsächlichen Verbreitung der AGB und der Häufigkeit ihrer Benutzung handelt es sich vielmehr um eine typische Erscheinung des rechtsgeschäftlichen Verkehrs in der modernen Industriegesellschaft. Rechtstechnisch muß zwar bei allen Normen eine gewisse Schwankungsbreite von Anwendungsfällen hingenommen werden, bei denen die Voraussetzungen, auf denen die Norm beruht, nicht bzw. nicht in vollem Umfang gegeben sind. Dies ist weil praktisch unvermeidlich legitim. Sind aber in weiten Bereichen des Sozialablaufs die der Norm (hier also: die dem Vertragsrecht) zugrundeliegenden Voraussetzungen nicht gegeben, dann kann dies nicht mehr mit der tatsächlichen Schwankungsbreite der Norm gerechtfertigt und als unvermeidbare Einzelfallerscheinung hingenommen werden. Vielmehr müssen die typisch gewordenen Abweichungen mittels Sondernormen entsprechend ihren Besonderheiten geregelt werden.

IV. Rechtsvergleichender Ausblick

14. Hat eine Partei in Wirklichkeit die Vertragsgestaltungsfreiheit nicht ausgeübt, stellt sich der Rechtsordnung die Frage, ob und wie sie auf diese Abweichung vom Denkmodell reagiert. Insoweit ergeben sich für die rechtstatsächlich typische AGB-Situation bei rechtsvergleichender Betrachtung folgende Lösungsalternativen:

15. Die rechtspolitisch klassischen Wege zur Verwirklichung der Vertragsgerechtigkeit durch den Staat sind einerseits die Aufstellung zwingender oder zumindest halbzwingender, nur zu Gunsten des Kontrahenten abdingbarer Normen, andererseits die Einführung einer verwaltungsbehördlichen Kontrolle der wirtschaftlich stärkeren Partei. Beide Regelungstechniken haben in den modernen Industriestaaten vielfach Verwendung gefunden. Abgesehen von diesen Standardlösungswegen sind rechtsvergleichend folgende Entwicklungstendenzen zu registrieren:

16. Der italienische Codice Civile aus dem Jahre 1942 enthält neben einer Auslegungsregel, die in der Praxis allerdings keine große Rolle spielt, zwei Vorschriften über die AGB, die sinngemäß übersetzt folgendermaßen lauten:

> Art. 1341 Die von einem Vertragsteil schon im voraus festgesetzten Allgemeinen Geschäftsbedingungen sind dem anderen gegenüber wirksam, wenn dieser sie im Zeitpunkt des Vertragsabschlusses kannte oder bei Anwendung der erforderlichen Sorgfalt hätte kennen müssen.
>
> In jedem Fall sind diejenigen Bedingungen unwirksam, die zugunsten des Benutzers der AGB Haftungsbeschränkungen bzw. Rücktritts- oder Suspendierungsrechte festlegen oder aber zulasten der anderen Vertragspartei Rechtswirkungen, Beschränkungen der Befugnis zur Erhebung von Einwendungen bzw. Einreden, Einschränkungen im Vertragsverkehr mit Dritten oder aber eine stillschweigende Verlängerung bzw. Erneuerung des Vertra-

ges oder aber die Zuständigkeit eines Schiedsgerichts bzw. Änderungen der gerichtlichen Zuständigkeiten bestimmen. Dies gilt nicht, wenn Klauseln der vorstehenden Art durch gesonderte Erklärung schriftlich akzeptiert wurden (se non sono specificamente approvate per iscritto).

Art. 1342 Bei Verträgen, die mittels Unterzeichnung von Musterverträgen oder Formularen abgeschlossen wurden, die vorformuliert sind zwecks einheitlicher Ausgestaltung bestimmter Vertragsbeziehungen, gehen die dem Mustervertrag oder dem Vordruck beigefügten Klauseln denjenigen Bestimmungen des Musters oder Formulars vor, die mit ihnen nicht vereinbar sind, auch wenn die betreffenden Bestimmungen des Musters bzw. Formulars nicht gestrichen wurden.

Im übrigen gilt Art. 1341 Abs. 2.

Gesetzgeberisches Motiv für die Aufstellung dieser Normen war die rechtstatsächliche Erkenntnis, daß bei AGB im allgemeinen ein inhaltliches Aushandeln nicht erfolgt und deshalb häufig einseitige, nur den Benutzer der AGB begünstigende Klauseln zum Vertragsinhalt werden. Um das Grundkonzept des Vertragsrechts, nämlich die beiderseitige Beteiligung an der Vertragsgestaltung wieder herzustellen, wurde hinsichtlich der sog. gefährlichen Klauseln (clausole onerose) eine Hinweispflicht des Benutzers der AGB normiert; nach Auffassung des italienischen Gesetzgebers war dadurch sichergestellt, daß der Kunde bei Anwendung der erforderlichen Sorgfalt zumindest von diesen Klauseln der AGB Kenntnis nehmen mußte. Entscheidende Überlegung der Art. 1341, 1342 Cc. ist also die Verhinderung der faktisch einseitigen Vertragsgestaltung durch einen Sanktionsmechanismus, aufgrund dessen der Kunde jedenfalls von den gefährlichen Klauseln Kenntnis erlangt. Gesetzgeberische Zielrichtung ist folglich die partielle, auf die gefährlichen Klauseln beschränkte Wiederherstellung des Bewußtseins vom Vertragsinhalt. In der Sache bezwecken also Artt. 1341, 1342 Cc. die Gewährleistung des formalen Vertragsprinzips.

Dagegen wird im italienischen Codice Civile die Frage der Gewährleistung der materialen Vertragsgerechtigkeit, d.h. der Gerechtigkeit des Vertragsinhalts nicht erfaßt: wenn der einen Partei die wirtschaftliche Macht fehlt, um abweichende Bedingungen durchzusetzen, dann hilft es ihr letztlich nichts, wenn ihr der Vertragsinhalt bewußt geworden ist; wenn die eine Partei durch die abstrakte rechtstechnische Sprache der AGB, die Fülle der Klauseln und ihre inhaltliche Vielgestaltigkeit intelektuell überfordert ist, hilft es ihr nichts, wenn sie auf besonders gefährliche Klauseln hingewiesen wurde.

Dabei war das Problem der wirtschaftlichen Macht bei der Beratung des Codice Civile durchaus bekannt gewesen, weil im Anschluß an *Salleilles* der Komplex der contratti per adesione, d.h. der Unterwerfung unter einseitig von der wirtschaftlich stärkeren Partei gestaltete Vertragsbedingungen ausführlich diskutiert worden war. Man glaubte aber, durch Artt. 1341, 1342 dieses Problem gelöst zu haben (und erlag damit dem klassischen Irrtum, daß bereits die formale Gleichheit die Rechte des Einzelnen sichere). Dementsprechend wird noch heute in der italienischen Rechtsprechung der Kunde als der „wirtschaftlich schwächere Vertragspartner" (contraente più debole)[44] bezeichnet, der durch Artikel 1341 Cc. geschützt werde. Nach ständiger Rechtsprechung wird das Formerfordernis nur erfüllt, wenn die gefährlichen Klauseln mittels einer inhaltlich und formal selbständigen Unterschrift (sottiscrizione distinta ed autonoma) akzeptiert wurden: das bedeutet praktisch, daß der Kunde zwei Unterschriften leisten muß, nämlich eine unter den Vertrag und unter die AGB, die zweite unter einen Sonderpassus, in dem die gefährlichen Klauseln ziffernmäßig angeführt sind. Nicht ausreichend ist z.B. eine Unterschrift unter einen Text, daß „die gefährlichen Klauseln der AGB" akzeptiert wurden, sondern der Text müßte lauten: „Die Klauseln 5, 7, 8, 10, 12, 17 und 18 werden ausdrücklich ebenfalls akzeptiert". Es ist also nach der ständigen italienischen Rechtsprechung noch nicht einmal erforderlich, daß der Text der gefährlichen Klauseln verselbständigt und gesondert unterzeichnet wird. Vielmehr genügt es, daß auf der AGB-Urkunde die in den AGB enthaltenen gefährlichen Klauseln ziffernmäßig angegeben sind.

Entsprechend ihrer der romanischen Zivilrechtstradition entsprechenden Zurückhaltung gegenüber richterrechtlichen Rechtsfortbildungen begnügen sich die italienischen Gerichte mit der streng formalen Anwendung der Artt. 1341, 1342 Cc. und stellen sie nicht die Frage, ob der Inhalt der entsprechend Artikel 1341 Cc. zum Vertragsbestandteil gewordenen AGB rechtlich akzep-

---

44 Vgl. z.B. *Corte di Cassazione*, 24.7.1971, Repertorio Generale della Giurisprudenza Italiana 1971. II. Sp. 2983, Nr. 103.

tabel ist. Das Schrifttum dagegen erkennt mehr und mehr im Anschluß an die vielfach verwertete deutsche Literatur und Judikatur an, daß Artt. 1341, 1342 noch keine endgültige Lösung darstellen können: die rechtspolitische Diskussion um die Einführung einer Inhaltskontrolle von AGB hat vor kurzem in Italien begonnen, ohne daß sich allerdings schon konkrete Einzelergebnisse herauskristallisiert hätten[45].

17. In Israel erging 1964 das Standard Contracts Law, das ein weltweites Aufsehen erregte. Die wichtigsten Vorschriften lauten in der halboffiziellen englischen Übersetzung:

> 1. In this Law
> "standard contract" means a contract for the supply of a commodity or a service, all or any of whose terms have been fixed in advance by, or on behalf of, the person supplying the commodity or service (hereinafter referred to as "the supplier") with the object of constituting conditions of many contracts between him and persons undefined as to their number or identy (hereinafter referred to as "the customers");
>
> . . . "terms of a contract" includes terms referred to in the contract, and any condition, waiver or other matter forming part of the bargain without being expressly stated in the contract itself, but does not include a term specially agreed upon by a supplier and a customer for the purpose of a specific contract;
> "restrictive term" means any of the terms specified in section 15;
> "court" includes a tribunal and an arbitrator.
>
> 2. A supplier who enters, or intends to enter into agreement with customers by a standard contract may apply to the Board appointed for the purposes of the Restrictive Trade Practices Law, 5719–1959 (hereinafter referred to as "the Board") for approval of the restrictive terms of the contract.
>
> 4. The Board shall not entertain an application for approval made after an objection against a restrictive term of the contract has been raised in a suit between the supplier and one of his customers, nor shall it entertain an application for approval of a term which a court has, under section 14, decided to regard as void.

---

45 Vgl. Condizioni Generali di Contratto e Tutela del Contraente Debole, Milano 1970 (Università di Catania Bd. 67).

5. Where an application has been made, the Board may, after hearing the applicant and the Attorney-General or his representative and after giving every person designated under the regulations as a respondent an opportunity to state his arguments, approve any restrictive term of the contract or refuse to approve such term.

6. In deciding upon the validity of a restrictive term, the Board shall consider whether, having regard to the terms of the contract in their entirety and to all other circumstances, such term is prejudicial to the customers or gives an unfair advantage to the supplier likely to prejudice the customer.

7. For the prupose of summoning witnesses and taking evidence, the Board shall have all the powers which a District Court has in civil matters. The Board shall determine its procedure in so far as it has not been prescribed by the Minister of Justice by regulations.

9. An approval of the Board shall be valid for a period of five years from the day of which it was given of for such shorter period as may be fixed by the Board in its decision.

10. A restrictive term of a standard contract approved by the Board shall be of full effect in every contract made in accordance with that standard contract before approval was given or during the period of its validity, and the provisions of section 14 shall not apply thereto.

11. A restrictive term of a standard contract which the Board has refused to approve shall be void; however, if before approval was refused that standard contract had been approved by the Board, the refusal shall not affect any contract made in accordance with that standard contract before such approval or during the period of its validity.

12. The Board shall keep a register of its decisions; the register shall be open for inspection by any person. The Board may publish its decisions in such form as it may deem fit in the public interest.

13. Where the Board has approved the terms of a standard contract, the supplier shall indicate the fact of approval on the face of every contract which he makes with a customer after the approval was given and during the period of its validity. Where no such indication was made on the face of a particular contract, a court may, notwithstanding the Board's approval and the provisions of section 10, act in respect of such contracts as provided in section 14.

14. Where, in any legal proceeding between a supplier and a customer, a court is satisfied that, having regard to the terms of the contract in their entirety and to all other circumstances, a restrictive term is prejudicial to

the customers or gives an unfair advantage to the supplier likely to prejudice the customers, it may regard the term or any part of it as void and may order the return to the customer of anything given by him or the strength of such term.

15. A restrictive term is a term which . . .

16. The fact that a term of a contract has been invalidated by the Board under section 11 or by the Court under section 14 shall not in itself affect the other terms of the contract.

18. For the purposes of this Law, the State as a supplier shall have the same status as any other supplier.

Obwohl im Ausland als rechtspolitische Großtat gefeiert ist aber das Standard Contracts Law ein Schlag ins Wasser geblieben. Wie mir noch im Herbst 1972 von einem der Mitverfasser des Gesetzes bestätigt wurde, ist seine praktische Bedeutung äußerst gering.

18. In den USA enthält der Uniform Commercial Code in Section 2-302 eine eminent interessante Vorschrift:

1. If the court as a matter of law finds the contract or any clause of the contract to have been unconscionable at the time it was made the court may refuse to enforce the contract, or it may enforce the remainder of the contract without the unconscionable clause, or it may so limit the application of any unconscionable clause as to avoid any unconscionable result.

2. When it is claimed or appears to the court that the contract or any clause thereof may be unconscionable the parties shall be afforded a reasonable opportunity to present evidence as to its commercial setting, purpose, and effect to aid the court in making the determination.

Der Uniform Commercial Code wurde inzwischen in fast allen amerikanischen Bundesstaaten übernommen, wobei allerdings California gerade Sect. 2-302 nicht übernahm, weil die Vorschrift einen zu weitgehenden Eingriff in die Vertragsfreiheit enthalte. Im einzelnen ist der genaue Anwendungsbereich der Vorschrift noch nicht geklärt. Rechtsvergleichend ist festzuhalten, daß damit rechtstechnisch die Voraussetzungen für eine Inhaltskontrolle sämtlicher Verträge geschaffen ist: sachlich läuft sie darauf hinaus, daß Verträge nur dann und nur soweit rechtswirksam sind, wie sie sachlich angemessen sind; da Section 2-302 UCC nicht darauf abstellt, ob es sich um AGB, Formularverträge oder hand- bzw. maschinenschriftlich bzw. mündlich abgeschlossene Verträge handelt, wird durch diese Vorschrift die Vertragsfreiheit ganz allgemein begrenzt, wobei allerdings abzuwarten ist, ob die us-amerikanischen Gerichte ihr tatsächlich einen so weitgehenden Anwendungsbereich geben werden.

19. Im übrigen hat die us-amerikanische Rechtsprechung mehrere Institute entwickelt. Vor allem ist hier einerseits die Rechtsprechung zu Haftungsfreizeichnungen des Common Carrier zu nennen, andererseits der Unequal Bargaining Power-Test. Hinsichtlich der Common Carrier-Haftung[46] handelt es sich darum, daß die amerikanischen Gerichte davon ausgehen, daß der Common Carrier wirtschaftlich gegenüber seinen Kunden stärker ist und infolgedessen den Vertragsinhalt diktieren kann: um Mißstände zu verhindern wurden differenzierend drei Freizeichnungsverbote entwickelt. Ob im Einzelfall tatsächlich der Common Carrier wirtschaftlich so stark war, daß er den Vertragsinhalt diktieren konnte, wird dabei nicht geprüft. Demzufolge handelt es sich um eine typisierte, von den Umständen des Einzelfalles abstrahierende Bekämpfung einer wirtschaftlichen Übermacht der einen Partei.

Ganz anders ist dagegen der Unequal Bargaining Power-Test einzuordnen. Nachdem bereits 1873 in der Entscheidung *New York Central Railroad v. Lockwood*[47] die Grundlage für die zivilrechtliche Beachtung einer disparity of bargaining power gelegt war, markiert die wichtige Entscheidung *Hennigsen v. Bloomfield Motors Inc.*[48] den Durchbruch dieser Verteidigung des wirtschaftlich Schwächeren durch die Gerichte. Es handelte sich um eine Haftungsausschlußklausel in den Verkaufsbedingungen einer Automobilfirma. Das Gericht ging davon aus, daß die betreffende Gewährleistungsklausel von mehreren Unternehmen benutzt werde, die insgesamt 93,5% der Personenwagen bzw. 86,72% der zugelassenen Pkw herstellen: daraus werde die gross inequality of

---

46 Dazu siehe *Gottfried Raiser*, Die gerichtliche Kontrolle von Formularbedingungen im amerikanischen und deutschen Recht, 1966, S. 67 ff.

47 84 U.S. 357. (1873).

48 161 A2d 69 (1960).

bargaining position ersichtlich, denn der Kunde habe praktisch nicht die Möglichkeit, dieser Vertragsgestaltung zu entrinnen: demzufolge sei die Abbedingung der gesetzlichen Rechtslage unzulässig.

Während in den Folgejahren noch unklar blieb, ob die us-amerikanischen Gerichte die unequality of bargaining power typisierend oder aber als im Einzelfall darzulegende bzw. nachzuprüfende Korrektive behandeln würden, hat sich dies in den letzten Jahren herauskristallisiert: es wird mehr und mehr auf die im Einzelfall gegebene Sachlage abgestimmt. Demzufolge muß derjenige, der sich gegenüber einem wirksamen Vertrag darauf beruft, daß die streitige Klausel wegen einer unequality of bargaining power unwirksam sei, zunächst darlegen, daß er im Zeitpunkt des Vertragsabschlusses wirtschaftlich unterlegen war, d.h. am Inhalt des ihm von Vertragspartner präsentierten Vertrage nichts mehr ändern konnte; ist dies dargelegt, muß er vortragen, daß die entscheidungserhebliche Klausel sachlich unangemessen (unconscionable) ist[49].

Anders formuliert: kann er nicht nachweisen, daß er im Zeitpunkt der Vertragsabschlusses wirtschaftlich eindeutig unterlegen war, dann ist es irrelevant, ob die streiterhebliche Klausel sachlich angemessen oder unangemessen ist; in diesem Fall ist er an den Vertragsinhalt gebunden (weil er aufgrund der ungefähren wirtschaftlichen Gleichheit gegebenenfalls andere Bedingungen hätte aushandeln können). Kann er dagegen nachweisen, daß er beim Vertragsabschluß wirtschaftlich eindeutig unterlegen war, ist er trotzdem an den Vertragsinhalt gebunden, wenn und soweit die Vertragsbestimmungen sachlich keine einseitigen Interessenverlagerungen zugunsten des wirtschaftlich Stärkeren enthalten (weil in diesem Fall ein ***Mißbrauch*** der wirtschaftlichen Übermacht nicht vorliegt). Dogmatisch ist demzufolge der sich in der us-amerikanischen Rechtsprechung mehr und mehr konturierende inequality of bargaining power-Test als ein Einzelfallkriterium zu qualifizieren, das gegen den Mißbrauch wirtschaftlicher Übermacht im Vertragsrecht gerichtet ist. Es beseitigt nicht die Vertragsfreiheit als solche, sondern beläßt auch in den Bereichen, in denen sozialtypisch oder im Einzelfall eine eindeutige wirtschaft-

49 *Diamond Housing Corp. v. Robinson:* 257 A2d 492, 493 (1969).

liche Überlegenheit der einen Partei gegeben ist, dieser die Möglichkeit zu einer vom dispositiven Recht abweichenden Vertragsgestaltung. Nur die Grenzen der faktisch einseitigen Vertragsgestaltung sind insoweit vorverschoben als der wirtschaftlich Stärkere in angemessenem Umfang die berechtigten Interessen der wirtschaftlich unterlegenen Partei respektieren muß.

Angesichts der Tatsache, daß die us-amerikanischen Gerichte im Zusammenhang mit dem equality of bargaining power-Test immer wieder den unbestimmten Rechtsbegriff der unconscionability, d.h. der sachlichen Unangemessenheit und teilweise auch Section 2 – 302 UCC zitieren, scheint die neueste Entwicklung dahin zu gehen, daß Section 2 – 302 UCC nicht entsprechend ihrem Wortlaut als generelles Korrektiv der Vertragsfreiheit verstanden wird. Vielmehr scheinen die us-amerikanischen Gerichte der Vorschrift das ungeschriebene Tatbestandsmerkmal der eindeutigen wirtschaftlichen Überlegenheit der einen Vertragspartei unterzuschieben, was praktisch bedeutet, daß sie ihr einen sehr viel engeren faktischen Anwendungsbereich geben als es nach dem Wortlaut eigentlich möglich wäre.

20. Rechtsvergleichend betrachtet ist der inequality of bargaining power-Test in eine Kategorie mit der deutschen Rechtsprechung zur Inhaltskontrolle von AGB einzuordnen: in beiden Fällen bleiben die relativ sehr weit gesteckten Grenzen der allgemeinen Vertragsfreiheit unberührt und wird nur für bestimmte Fallgruppen ein Korrektiv aufgestellt, das den Mißbrauch der wirtschaftlichen und/oder intellektuellen Überlegenheit zur Aufzwingung einseitiger Vertragsbestimmungen verhindern soll. Im einzelnen unterscheiden sich die deutsche und die us-amerikanische Rechtsprechung hinsichtlich der Anwendungsvoraussetzungen. Im Ergebnis decken sie sich aber, weil in beiden Fällen ein faktisch einseitig gestalteter Vertragsinhalt anerkannt wird, wenn und soweit er sachlich angemessen ist, d.h. keine sachlich unangemessene Verletzung der berechtigten Belange des wirtschaftlich Unterlegenen enthält.

21. Bei rechtsvergleichender Betrachtung sind weiterhin die englische Rechtsprechung zum fundamental breach of contract bzw. zum breach of a fundamental term sowie die belgische und die französische Rechtsprechung zum anéantissement de l'essence du contrat zu nennen. Angesichts der an

anderer Stelle erfolgenden Analyse dieser Institute[50] genügt hier folgende Feststellung: in beiden Fällen handelt es sich darum, daß gewisse Kardinalpflichten nicht abbedungen werden können, so daß jene Entwicklungen dogmatisch als begrenzte Haftungsfreizeichnungsverbote einzuordnen sind. Auch in der deutschen Rechtsprechung sind entsprechende Ansätze nachzuweisen[51]. Angesichts ihrer sachlichen Begrenztheit tragen sie aber letztlich nicht zu einer Lösung des Grundproblems bei.

22. Bei rechtsvergleichender Betrachtung ist also zusammenfassend folgendes festzuhalten: Sieht man von den Möglichkeiten einer Erweiterung des zwingenden Rechts zu Lasten der Vertragsfreiheit ab, so ist weder das Problem der wirtschaftlichen Macht noch das spezifische Problem der AGB in anderen Ländern adäquat gelöst. Hinsichtlich der rechtlichen Relevanz wirtschaftlicher Macht bietet das us-amerikanische Vertragsrecht interessante Ansatzpunkte, die aber noch nicht klar genug herauskristallisiert sind und in denen sich mehrere autonome Gedankengänge (noch) überlappen. Hinsichtlich der AGB hat das deutsche Recht als einzige Rechtsordnung ein in sich gedanklich geschlossenes, bereits sehr weitgehend durchkonstruiertes Abwehrinstrumentarium geschaffen und damit rechtsvergleichend eine rechtspolitische Großtat vollbracht, die höchsten Ranges ist.

---

50 Vgl. in Kürze *Schmidt-Salzer* im AWD sowie einstweilen a.a.O. (Fußn. 26) S. 66, Fußn. 1.

51 Vgl. *Schmidt-Salzer,* a.a.O. (Fußn. 26) Rz. 94 ff.

V. Rechtspolitische Folgerungen

23. Aus den in Ziff. 12 angeführten Gründen kann trotz des bisher von der deutschen Rechtsprechung Erreichten auf ein Tätigwerden des Gesetzgebers nicht verzichtet werden. In jedem Fall ist also eine legislative Konsolidierung des Rechts der AGB erforderlich.

Grundsätzlich zu regeln sind dementsprechend folgende Fragen:

- Definition der AGB
- Voraussetzungen für ihre Rechtsverbindlichkeit
- positivrechtliche Bestätigung der Inhaltskontrolle
- Anwendungsbereich der Inhaltskontrolle
- Rechtsfolgen der Inhaltskontrolle.

24. Der rechtstatsächliche Prototyp der AGB ist vertraut: danach sind AGB eine vorgedruckte Vertragsschablone, die zahlreiche Klauseln vielerlei Inhalts enthält und die per plobaler Verweisung in den Einzelvertrag einbezogen wird.

Von der rechts- und sozialpolitischen Problematik her gehören aber auch umfangreiche Formularverträge zum Recht der AGB[52], weil bei ihnen die gleichen Probleme bestehen. Praktisch sind allerdings AGB (also umfangreiche, nicht zum Vertragstext selbst gehörende Vertragsschablonen) nicht von mehreren einzelnen gedruckten Klauseln abgrenzbar und sind auch umfangreiche Formularverträge nicht von „kurzen" Formularverträgen abgrenzbar, weil nicht genau gesagt werden kann, wo die einen beginnen und die anderen aufhören. Bei einzelnen vorgedruckten Klauseln (z.B. Gerichtsstandsklausel

---

52 *BGH*, 11.11.1968, BGHZ 51 S. 55, 59.

oder Eigentumsvorbehaltsklausel am Brief-Fußende) oder kurzen Formularverträgen ergeben sich nicht bzw. bei weitem nicht in gleichem Umfang die bei den AGB und den umfangreichen Formularverträgen bestehenden rechtspolitischen Probleme, denn der Kunde ist nicht überfordert, wenn er sie durchlesen muß bzw. wenn sie ihm so zugerechnet werden, als hätte er sie gelesen. Da aber jene gedanklich verschiedenwertigen Bereiche nicht voneinander abgrenzbar sind, bleibt nur die Alternative, die Rechtsprechung punktuell entscheiden zu lassen oder aber alle vorgedruckten Klauseln als AGB zu bewerten. Die erste Alternative bedeutet letztlich nur eine Komprimierungsaufgabe für die Kautelarjurisprudenz und führt zu einer noch intensiveren sprachlichen Abstrahierung der AGB. Weiterhin ist sie mit vielen Unsicherheiten für den Rechtsverkehr verbunden, weil in dem Übergangsbereich die gerichtliche Einordnung nicht voraussehbar ist. Mit der Qualifikation sämtlicher vorgedruckter Klauseln als AGB[53] dagegen bestehen diese Abgrenzungsschwierigkeiten nicht und ist ein einfach zu handhabendes Kriterium gewonnen.

25. Dieses „Druckerschwärze"-Kriterium wird von *Grunsky*[54] mit m.E. nur rhetorischer Brillanz gebrandmarkt. Werden nur alle gedruckten Klauseln der Inhaltskontrolle unterworfen und gilt für nicht gedruckte Klauseln nur der relativ weniger scharfe Kontrollmaßstab des § 138 BGB, dann scheint in der Tat auf den ersten Blick das Stichwort „Schreibautomat" den Weg zu eröffnen, das Ziel der AGB alter Prägung auf einem anderen Weg zu erreichen. Demgegenüber ist aber klarzustellen, daß

– gerade bei gedruckten Bestimmungen psychologisch niedrigere Abwehrmechanismen bestehen als bei maschinegeschriebenen. Maschinegeschriebene Verträge werden nur äußerst selten ungelesen akzeptiert; gedruckte dagegen scheinen Assoziationen wie Unabänderlichkeit, Objektivität, Allgemeingültigkeit, usw. zu erwecken, die ein entscheidender Erklärungsschlüssel dafür sind, daß der Text nicht gelesen wird

---

53 Zustimmend *M. Rehbinder,* AGB und die Kontrolle ihres Inhalts, 1972 S. 6 und wohl auch *Emmerich,* JuS 1972 S. 361 f.

54 BB 1971 S. 1113 ff.

– die Alles-Erdenkbare-Ausschließen-Technik rein quantitativ per Druck leicht, per Schreibautomat wegen der überproportionalen Länge sehr viel schwieriger zu realisieren ist

– in der Praxis die Umgehung sehr leicht nachweisbar ist, indem sich der Kunde ein zweites Vertragsexemplar von einem anderen Käufer beschafft oder dem Gericht aus anderen Prozessen die „Bedingungen" des Schreibautomatenbenutzers bekannt sind: ein einfacher Textvergleich belegt, daß inhaltlich standardisierte und damit vorformulierte Verträge benutzt werden, d.h. daß letztlich per Schreibautomat das geschieht, was mit den AGB bezweckt ist, nämlich eine inhaltliche Standardisierung und Vorformulierung. Es würde also nicht unmittelbar auf die Standardisierung und Vorformulierung der Vertragsbestimmungen abgestellt. Vielmehr wäre die Textgleichheit in Verbindung zum Beispiel mit dem Umfang der Wort- und Satzwahl (die gerade bei Schreibautomaten hinsichtlich des vorprogrammierten Textes oft wesentlich vom individuellen Text abweicht), des Vertragsgegenstandes (Standardvertrag über Seriengüter oder im Prinzip individuell zugeschnittener, lediglich auf einer allgemeinen Grundlage formulierter Vertrag) usw. ein Indiz für die Umgehungsabsicht.

Es ist rhetorisch blendend, zu sagen, „eine Norm, die geradezu eine Einladung zur Umgehung enthält, zeigt damit, daß sie insgesamt nichts taugt"[55]. Hier liegt aber ein rechtstechnisches und rechtspolitisches Problem vor, nämlich die Frage einer rechtlichen Definierung der AGB, die einerseits problemadäquat und andererseits möglichst praktikabel ist. Die vorgeschlagene Definition erfüllt m.E. diese Kriterien. Welche enorme praktische Bedeutung dieser Definitionsfrage zukommt, zeigt die italienische Rechtssprechung, die die „Condizioni generali" unabhängig vom Gedruckt- oder Nichtgedrucktsein ausschließlich dadurch abgrenzt, daß auf die Zweckbestimmung zur Regelung einer unbestimmten Vielzahl zukünftiger Verträge abgestellt wird[56], obwohl sie dabei m.E. das tatsächliche Problem, das den Ausgangspunkt für die Kodifi-

55 *Grunsky*, BB 1971 S. 1113, 1114.

56 Vgl. z.B. *Corte di Cassazione*, 26.4.1971, a.a.O. (Fußn. 44) Sp. 2984, Nr. 112.

zierung des Art. 1341 Codice Civile ergab, weitgehend aus den Augen verloren hat. Analysiert man die vielen Fragen, die sich in Italien bei der Anwendung jenes Kriteriums ergeben haben, dann kann man den Wert eines praktischen Abgrenzungskriteriums ermessen.

26. Teilweise wird die Auffassung vertreten, die Inhaltskontrolle rechtfertige es, in der Frage der Einbeziehung der AGB in Einzelverträge großzügig vorzugehen[57]. Diese Auffassung ist schärfstens zurückzuweisen, weil sie eine mit dem Vertragsrecht nicht vereinbare Begünstigung der Benutzer von AGB darstellt.

Einigkeit besteht darüber, daß die Geltung von AGB stets auf einer vertraglichen Einigung der einzelnen Vertragsparteien beruht, die Teil des jeweiligen Einzelvertrages ist. Danach wäre also zu prüfen, ob ein Angebot auf Einbeziehung der AGB abgegeben und von dem Kunden angenommen wurde. Die ständige Rechtsprechung, daß eine sog. Unterwerfung unter AGB vorliege, wenn der Kunde *wußte* oder *wissen mußte*[58], daß der Unternehmer dem Vertrag die AGB zugrunde legen will, hat über lange Zeit hinweg dazu geführt, daß den Unternehmern die Einführung der AGB direkt erleichtert wurde. Der Grund dafür ist aber nicht, daß die Wissenmüssen-Formel als solche falsch wäre[59], sondern vielmehr, daß die praktische Anwendung fehlerhaft erfolgte: das berechtigte Interesse des Kunden, daß der Unternehmer erst einmal eine den Anforderungen an ein Vertragsangebot genügende Willenserklärung abgeben müsse, wurde praktisch nicht beachtet. Im Banken- und im Speditionsbereich gilt diese Kritik heute noch. Hinsichtlich von Rechnungsvermerken hat sich die Rechtsprechung in den letzten Jahren gewandelt. Rechtspolitisch muß hier m.E. unbedingt klargestellt werden, welche Erklärungspflichten den Benutzern von AGB obliegen. Dies kann mittels des Satzes erfolgen, daß der Unternehmer *klar und deutlich* gegenüber dem Kunden auf die AGB hin-

57 Vgl. *Westermann*, Schwerpunkte, 1971, S. 78.

58 Zur dogmatischen Präzisierung dieses Kriteriums vgl. *Schmidt-Salzer*, a.a.O., (Fußn. 26) Rz. 25–30.

59 So z.B. *Emmerich*, JuS 1972 S. 361, 364.

weisen muß[60]. Dadurch werden die Erklärungsobliegenheiten vom Kunden weg auf den verlagert, bei dem sie *primär* liegen müssen: schweigt der Kunde auf eine ihm gegenüber klar und deutlich erklärte Verweisung auf AGB, indem er den Einzelvertrag akzeptiert, umfaßt nach allgemeinen Regeln des Vertragsrechts seine Zustimmungserklärung auch die Einbeziehung der AGB in den betreffenden Einzelvertrag.

27. Hinsichtlich des Anwendungsbereichs der Inhaltskontrolle wird, ebenfalls mit faszinierender Rhetorik, der Satz paraphrasiert, daß sozialer Schutz ohne soziale Schutzbedürftigkeit von Übel sei: Kaufleute, jedenfalls aber Vollkaufleute, bedürften des Schutzes vor AGB nicht, so daß die Inhaltskontrolle nicht im kaufmännischen Bereich gelten solle, d.h. daß sich ein Kaufmann gegenüber den AGB der Kontrahenten nicht auf die Inhaltskontrolle berufen dürfe[61].

Dahinter scheint mir die etwas weltferne Identifizierung „des Kaufmanns" mit dem großen Unternehmen mit eigener umfangreicher Rechtsabteilung zu stehen. Wer etwas Kontakt mit der Praxis hat weiß, daß Kaufleute durch die abstrakte Sprache, den Umfang und die inhaltliche Vielgestaltigkeit der AGB praktisch genauso überfordert sind wie übrige Nichtjuristen (und wohl auch die meisten Juristen). Sind sie in der Kunden-Position, müßten sie die AGB jedes einzelnen Vertragspartners überprüfen und ist es auch im Bereich von Beratungsverträgen technisch nicht möglich, jeden einzelnen Vertrag vor der Annahme anwaltlich überprüfen zu lassen. Das Problem liegt deshalb m.E. in der Frage, **welche** Kaufleute einen Schutz vor AGB verdienen und welche nicht. Theoretisch kommt es zwar in Betracht, hier Gruppen zu bilden, die differenziert behandelt werden[62]. Ein praktikables Abgrenzungskriterium steht aber nicht zur Verfügung. Deshalb ist es m.E. besser, daß auch Großunternehmen gegebenenfalls den Schutz vor fremden AGB genießen, als daß kleine Kaufleute und mittelständische Unternehmen ohne Rechtsabteilungen oder mit einer Mini-Rechtsabteilung dem durch das Recht der AGB festge-

---

60 Dazu siehe im einzelnen *Schmidt-Salzer,* a.a.O. (Fußn. 26) Rz. 30.

61 *Grunsky,* BB 1971 S. 1113, 1114; *Limpacher,* BB 1972 S. 297 ff.

62 Dafür *Grunsky,* a.a.O.; *Limpacher,* a.a.O.; *Emmerich,* JuS 1972 S. 361, 369.

legten Schutz entzogen werden. Abgesehen davon ist es eine bekannte Technik des deutschen Gesetzgebers, eine festgestellte soziale Schutzbedürftigkeit typisierend zu berücksichtigen, ohne darauf abzustellen, ob auch im Einzelfall die Voraussetzungen für die Inanspruchnahme des Schutzes gegeben waren, wie die Rechtsprechung zu §§ 105, 313 BGB, 74 ff HGB und zum AbzahlungsG belegt. Demzufolge sollten also alle vorgedruckten in allen Verträgen mit allen Vertragspartnern aller „Klassen" enthaltenen Klauseln der Inhaltskontrolle unterliegen, wie dies die Rechtsprechung zur Zeit praktiziert. Positivrechtlich braucht dies nicht ausdrücklich formuliert zu werden. Durch die Aufnahme des AGB-Gesetzes in das BGB und den Verzicht auf eine Ausnahmevorschrift für den kaufmännischen Bereich wäre dies klargestellt.

28. Hinsichtlich der Rechtsfolgen sollte entsprechend der derzeitigen Rechtsprechung festgelegt werden, daß anstelle der unwirksamen Klauseln das einschlägige (geschriebene oder ungeschriebene) dispositive Recht gilt, sofern der Vertrag auf dieser Grundlage aufrecht erhalten werden kann. Wie der *Bundesgerichtshof* herausgearbeitet hat, ist der Vertrag grundsätzlich mit dem angemessenen Inhalt aufrecht zu erhalten[63] und ist er nur ausnahmsweise für unwirksam zu erklären, wenn der Richter den Vertrag „für die Parteien umschreiben" müßte[64].

29. Prozessual wird erwogen, eine Beweislastnorm zu kodifizieren etwa in dem Sinn, daß der Benutzer der AGB belegen muß, daß und aus welchen Gründen die entscheidungserheblichen Klauseln sachlich angemessen sind[65]. Hier ist aber zu beachten, daß es sich nicht um eine Tat-, sondern um eine Rechtsfrage handelt, nämlich um die Subsumtion der im Einzelfall für und gegen die betreffende Klausel vorgebrachten Argumente unter den unbestimmten Rechtsbegriff der sachlichen Angemessenheit: demzufolge kann eine Beweislastnorm nur den Nachweis der zu subsumierenden Tatsachen betreffen, nicht aber die Beurteilung, ob die Klausel sachlich angemessen ist oder nicht.

---

63 *BGH*, 19.4.1972, DB 1972 S. 1285.

64 *BGH*, 11.11.1968, BGHZ 51 S. 55 ff.

65 Vgl. Bericht *Ramm* in: Gerechtigkeit in der Industriegesellschaft, 1972, S. 74.

Eine In dubio-Regel wäre also rechtlich nicht vertretbar. Z.B. wird auch im Arbeitsrecht die Frage, ob dem Arbeitgeber ein wichtiger Grund zur Kündigung zusteht, nicht „im Zweifel gegen den Arbeitgeber" entschieden, sondern unter Abwägung aller Umstände.

Im übrigen ist eine In dubio-Regel nicht erforderlich. Praktisch wird der Kunde aus seiner Sicht vortragen, welche Gründe gegen die sachliche Angemessenheit der entscheidungserheblichen Klauseln sprechen und muß der Unternehmer dann seine Klauseln verteidigen: automatisch wird also dem Gericht (vergleichbar der Darlegungs- und Wertungstechnik bei der Frage, ob ein wichtiger Grund vorliegt) der Tatsachenstoff vorgetragen, so daß es entscheiden kann.

30. Es bleibt die Frage, ob auch Einzelergebnisse der bisherigen Rechtsprechung gesetzgeberisch konsolidiert und ob darüber hinaus im Moment noch offene Fragen gesetzlich geregelt werden sollen. Im Prinzip ist dies aber m.E. nicht erforderlich, weil die Rechtsprechung bereits weitgehend Klarheit geschaffen hat und zugesehen werden kann, wie sich das Recht der AGB weiter entwickelt und verfestigt. Einzelne brisante Streitfragen wie die Frage der Rechtswirksamkeit formularmäßiger Gerichtsstandsvereinbarungen dürfen darüber nicht hinwegtäuschen. Andererseits ergibt gerade das Abstellen auf den unbestimmten Rechtsbegriff der sachlichen Angemessenheit eine gewisse Flexibilität, die m.E. einer starren gesetzlichen Lösung vorzuziehen ist.
Davon unberührt ist aber die weiterreichende Frage, ob nicht ganz allgemein (also nicht nur unter Beschränkung auf AGB) bestimmte Vorschriften des BGB überprüft werden. Hinsichtlich der ZPO ist dies bereits insoweit erfolgt, als dem derzeitigen Bundestag der Entwurf eines Gesetzes zur Änderung der Zivilprozeßordnung vorliegt. Danach sollen Gerichtsstandsvereinbarungen entgegen dem derzeitigen § 38 ZPO nur noch im kaufmännischen Verkehr zulässig sein.

Eine Analyse der eventuell abzuändernden Einzelvorschriften des BGB würde aber den Rahmen dieses Beitrages überschreiten.

31. Es bleibt die Frage, ob die Rechtsprechung in der Lage ist, gegenüber den AGB tatsächlich einen sozial-wirksamen Schutz zu gewährleisten. Dies wird

bestritten und als Allheilmittel wird eine verwaltungsbehördliche Präventivkontrolle sämtlicher AGB[66] bzw. der deus ex machina des Ombudsmannes[67] vorgeschlagen. Dazu ist m.E. folgendes zu sagen:

a) Mit einer generellen und „einfachen" Lösung wie es die Einführung einer allgemeinen Präventivkontrolle wäre, wird m.E. das Kind mit dem Bade ausgeschüttet. „Vertragsfreiheit" war nicht nur ein Fetisch der frühen Industriegesellschaft, sondern war und ist auch ein fundamentales wirtschaftsrechtliches Ordnungsprinzip, das gerade den Unterschied zu den heteronom und zentral geordneten Organisationsstrukturen der sozialistischen Länder markiert: den am Wirtschafts- und Dienstleistungsverkehr Beteiligten wird durch die Vertragsfreiheit die Möglichkeit individueller, an den Einzelfall und an ihre individuellen Belange angepaßter Regelungen eingeräumt. Die „Vertragsfreiheit" verstanden als dezentralisierendes, der Initiative der Einzelnen raumgebendes Ordnungsprinzip hat insoweit einen hohen Eigenwert.

Andererseits müssen die Auswüchse der Vertragsfreiheit bekämpft werden. Wenn man aber anerkennt, daß einer der wesentlichsten Aspekte der Vertragsfreiheit jene Dezentralisierung des Waren- und Dienstleistungsverkehrs ist, dann muß die Bekämpfung der Auswüchse so erfolgen, daß nicht jenes wirtschaftsrechtliche Ordnungsprinzip unterlaufen wird. Wenn und soweit das Konzept der sozialen Marktwirtschaft als wirtschaftsverfassungsrechtliches Grundprinzip anerkannt wird, wäre eine generelle Präventivkontrolle damit nicht vereinbar. Eine verwaltungsbehördliche Kontrolle würde zwar, wie z.B. die Versicherungsaufsicht belegt, eine gewisse Markttransparenz des Konditionenwettbewerbs erreichen. Sie würde aber zugleich eine Standardisierung auslösen, die gerade dem wirtschaftsrechtlichen Ordnungsprinzip, das hinter der Einräumung der Vertragsfreiheit steht, zuwiderläuft. Selbstverständlich können besondere soziale Sachlagen eine punktuelle Durchbrechung erzwingen (wie z.B. im Versicherungsbereich). Eine *generelle* Unterwerfung sämtlicher Wirtschaftszweige unter eine präventive verwaltungsbehördliche Kontrolle ihrer Vertragsgestaltungen ist aber m.E. wirtschaftsrechtlich äußerst fragwürdig.

---

66 E. *v. Hippel*, ZRP 1972 S. 110 f.

67 *Brandner* sowie *Däubler* a.a.O. (Fußn. 65) S. 50 bzw. 57.

b) Abgesehen davon ist dies auch eine Scheinlösung. Das Bundesaufsichtsamt für das Versicherungswesen (BAV) dürfte eine so hoch qualifizierte und den beaufsichtigten Wirtschaftsbereich so gut kennende Behörde sein wie es ein allgemeines „Ministerium für AGB bzw. Verbraucherschutz" oder eine entsprechende Großabteilung des Bundeskartellamtes nie erreichen kann. Und trotzdem passieren immer wieder Klauseln von Allgemeinen Versicherungsbedingungen die präventive Kontrolle des BAV, die gegen zwingendes Recht verstoßen und wurden noch vor kurzem neue Bedingungen für die technischen Versicherungszweige genehmigt, die Abweichungen von den allgemeinen Beweislastregeln enthalten, obwohl der *Bundesgerichtshof* seit 1964 und seit 1967 auch für Allgemeine Versicherungsbedingungen formularmäßige Abänderungen der allgemeinen Beweislastregeln für unwirksam bewertet hat[68]. Weiterhin mußte erst der *Bundesgerichtshof* den Kampf gegen einseitige Klauseln der AKB und der Allgemeinen Feuerversicherungsbedingungen aufnehmen, gegen die das BAV keine Einwände erhoben hatte. Wenn aber bereits eine optimale Fachbehörde mit intimer Kenntnis des entsprechenden Wirtschaftsbereichs keineswegs eine Gewähr für die sachliche Ausgewogenheit des Vertragsinhalts bietet, wie soll dann ein AGB-Ministerium dies für sämtliche Bereiche der Wirtschaft erreichen? Praktisch würde m.E. nur ein gigantischer Apparat aufgezogen, dessen echter output aber den Hoffnungen, die mit seiner Einsetzung verbunden sind, nicht gerecht wird und dessen negative Effekte (Immobilisierung und Schwerfälligkeit) m.E. bei weitem die Positiva überwiegen. Ein AGB-Ministerium könnte gerade kein Super-Aufsichtsamt für das Versicherungswesen sein, das gewissermaßen nur auf höherer Ebene und mit größerem Wirkungsfeld arbeitet, sondern läge unvermeidlich unter den vom BAV gesetzten Standards.

32. Im übrigen ist die Einführung einer *generellen* verwaltungsbehördlichen Präventivkontrolle von AGB m.E. unverhältnismäßig. Die jahrelange praktische Erfahrung mit AGB der verschiedensten Wirtschaftszweige hat mir gezeigt, daß es sich im Kern immer wieder um die gleichen Fragen handelt und

---

68 *BGH*, 17.2.1964, BGHZ 41 S. 151, 153 f.

daß nur selten branchengebundene Sonderfragen auftreten. Der harte Kern von AGB im Warenlieferungs- und Dienstleistungsbereich besteht im allgemeinen aus Regelungen folgender Sachfragen:

- Abwehr fremder Geschäftsbedingungen
- Reduzierung der eigenen Bindung an den Vertrag (z.B. durch Freibleibend- oder Univerbindlich-Klauseln)
- Aufweichung von Fristenregelungen (durch Circa- bzw. Unverbindlich-Klauseln)
- Gewährleistungsklauseln
- Haftungsfreizeichnungen
- Aufrechnungs- und Zurückbehaltungs-Ausschlußklauseln
- Abtretungsverbote
- Regelungen für Vertragsverletzungen des Kunden (pauschalierter Schadensersatz, Höhe der Verzugszinsen, Vertragsstrafen, Rücktrittsrechte)
- Zahlungsbedingungen (Skonti, Fälligstellung, Abbedingung des Mahnungserfordernisses)
- Eigentumsvorbehaltsklauseln
- Beweislastverschiebungen
- Verjährungsverkürzungen
- Gerichtsstandklauseln nebst Erfüllungsortklauseln
- Rechtswahlklauseln.

33. Würden AGB mittels einer derartigen Querschnittsanalyse ausgewertet, wie dies bei einer produktiven Rechtstatsachenforschung der Fall sein müßte, dann würde sich sehr schnell diese subjektive Beobachtung bestätigen und zeigen, daß gerade auf dem Gebiet der AGB ein pragmatisches Vorgehen nicht sehr schwierig ist:

a) Die erste Aufgabe der rechtspolitischen Bestrebungen müßte sein, die Auswüchse der AGB an sich, d.h. die in den AGB aller Wirtschaftszweige anzutreffenden Mißbräuche zu bekämpfen. Dieses Ziel wird m.E. erreicht, wenn man den allgemeinen Kern „der AGB" ermittelt. Für die sich so ergebenden Sachbereiche ist dann zu prüfen, welche Gestaltungen üblich sind. Z.B. wird sich bei der vorgeschlagenen rechtstatsächlichen Querschnittsanalyse herausstellen, daß sich die Benutzer von AGB fast immer von jeder Schadensersatzhaftung freizeichnen, sich einen sehr weit „verlängerten" Eigentumsvorbehalt vorbehalten und für sie optimale ausschließliche Gerichtsstände festlegen. Demzufolge ergibt sich die rechtspolitische Fragestellung, ob bzw. mit welchen Einschränkungen dies weiter zulässig sein soll. Das Hauptproblem der Reformbestrebungen müßte also generell für alle AGB gelöst werden. Sachlich ist es nicht Aufgabe einer Verwaltungsbehörde, sondern Aufgabe des Gesetzgebers, diese rechtspolitischen Entscheidungen zu treffen und drückt sich der Gesetzgeber vor der ihm obliegenden rechts- und sozialpolitischen Verantwortung, wenn er sein Gewissen mit der Einführung einer verwaltungsbehördlichen Präventiv-Kontrolle tröstet und die erforderliche Detailarbeit dieser Behörde überläßt.

b) Ist jene Hauptaufgabe rechtspolitisch gelöst, bleibt die zweite Aufgabe, innerhalb der einzelnen Wirtschaftszweige Mißbräuche zu verhindern. Nach der derzeitigen rechtstatsächlichen Sachlage ist hier vor allem an die Bankgeschäfte, an das Transportwesen, an die Bauwirtschaft nebst Nebenbereichen wie den Architektenverträgen, an die Maklerverträge, die Automatenaufstellverträge, die Reisevermittlungsverträge und die Finanzierungsverträge im Kauf- und Ehemaklerrecht zu denken. Hierbei ist vor allem zu beachten, daß teilweise in diesen Bereichen die AGB als Lückenfüller für die Untätigkeit des Gesetzgebers bzw. für Unzulänglichkeiten der gesetzlichen Regeln bezeichnet werden, obwohl in Wirklichkeit mittels der AGB der Gesetzgeber gerade von einem Tätigwerden abgehalten und die Aufrechterhaltung etablierter „Vertragsordnungen" gesichert werden soll. Theoretisch müßten in derartigen Bereichen eigentlich jeweils umfangreiche Rechtstatsachenforschungen vorgenommen werden. Dies ist aber praktisch nicht realisierbar. Räumt allerdings der Gesetzgeber den Gerichten ausdrücklich die heute schon bestehende Inhaltskontrolle ein, so daß die Gerichte und Anwälte praktisch gezwungen werden, sich mit den Fragen zu beschäftigen und sie sich nicht mehr auf die vom BGB eingeräumte Vertragsfreiheit zurückziehen können, dann wird sich sehr schnell in den Entscheidungen widerspiegeln, wo in den einzelnen Branchen die Brennpunkte liegen. Mit dieser induktiven Aufbereitung der Rechtstatsachen werden die rechtspolitischen Instanzen innerhalb kurzer Zeit in die Lage versetzt, die Notwendigkeit und inhaltliche Ausrichtung eventueller gesetzgeberischer Eingriffe beurteilen zu können.

34. Weiterhin ist entscheidendes Argument der Befürworter einer verwaltungsbehördlichen Präventiv-Kontrolle, daß damit ein Totalschutz erreicht werde, den die Rechtsprechung gerade nicht bieten könne. Auch dies ist nur in begrenztem Umfang richtig, denn z.B. die Praxis des Bundesaufsichtsamts für das Versicherungswesen belegt, daß die Verwaltungsbehörden nicht auch die Einzelverträge überprüfen können, sondern nur die geschäftsplanmäßige Organisation. Abweichungen von den genehmigten Bedingungen im Einzelfall sind also praktisch nicht auszuschließen.

35. Die Aufgabe eines Verbraucherschutz-Beauftragten wäre demgegenüber repressiver Natur, indem er (vergleichbar der Klagebefugnis der Verbände gemäß § 13 a UWG) von sich aus bzw. auf Anregung von Kunden gegen AGB vorgehen kann. Die Erfahrungen im Wettbewerbsrecht haben gezeigt, wie nützlich und erforderlich eine derartige „objektive" Rechtsverfolgung und Rechtsverwirklichung ist, so daß grundsätzlich für die Schaffung eines derartigen Flankenschutzes für die Rechtsprechung sehr viel spricht. Ein Vorbild dafür könnten die schwedischen Regeln und Erfahrungen mit dem Verbraucher-Ombudsman geben, die allerdings an die deutschen tatsächlichen und verfassungsrechtlichen Verhältnisse anzupassen wären.

VI. Ergebnis und Gesetzgebungsvorschlag

36. Die Einführung einer verwaltungsbehördlichen Präventivkontrolle sämtlicher AGB ist die einfachste rechtspolitische Lösung, weil dies letztlich wenig Tatsachenstudium und eine nur geringe gestaltende Leistung voraussetzt.

Die Probleme werden damit aber nicht bzw. nicht sachadäquat gelöst, sondern m.E. nur eine Stufe weitergeschoben, so daß mir dies als eine rechtspolitische Fassadenlösung erscheint, die die Sachprobleme nicht wirklich löst. Sollte bei den Reformbestrebungen die Suche nach sachadäquaten Lösungen den Vorrang erhalten, wäre zunächst die derzeitige Rechtsprechung zu konsolidieren. Ein Gesetz über die AGB könnte das BGB folgendermaßen ergänzen:

> § 145 Abs. 2: Wer einem Vertrag gedruckte Vertragsbestimmungen zugrunde legen will, muß dies dem anderen bei den Vertragsverhandlungen klar und deutlich erklären.

§ 242 a: Gedruckte Vertragsbestimmungen sind nur rechtswirksam, wenn sie sachlich bei Berücksichtigung der beiderseitigen berechtigten Interessen angemessen sind. Im Fall der Unwirksamkeit einzelner gedruckter Bestimmungen gilt der Vertrag insoweit mit dem angemessenen Inhalt, sofern dieser bei objektiver Würdigung dem Willen beider Parteien entspricht.

Im übrigen sollten die als neuralgisch bekannten Branchen untersucht werden (z.B. Bankgeschäfte, Transportwesen, Maklerverträge, Automatenaufstellverträge, Bauverträge, Architektenverträge, Finanzierungsverträge, Reisevermittlungsverträge) und könnten jeweils punktuelle Gesetzesänderungen bzw. -ergänzungen vorgenommen werden bzw. könnten für die einzelne betreffende Branche die Möglichkeiten und Grenzen einer eventuellen verwaltungsbehördlichen Kontrolle geprüft werden. Dies muß nicht zugleich mit dem AGB-Gesetz erfolgen, so daß zunächst einmal ohne wesentlichen Zeitverlust die kleine Lösung realisiert werden kann und die Lösung des Hauptproblems nicht wegen relativ zweitrangiger weil nur begrenzter Fragen liegen bleibt. Die positive gesetzgeberische Anerkennung der Inhaltskontrolle würde m.E. binnen kurzem zu einem derartigen „mittelbaren" (weil in Gerichtsentscheidungen festgehaltenen) Rechtstatsachenmaterial führen, daß innerhalb kurzer Zeit die Probleme und Lösungsmöglichkeiten aufgedeckt wären. Entweder löst die Rechtsprechung die Probleme: dann kann sie der Gesetzgeber nach Bedürfnis konsolidieren. Oder aber die Rechtsprechung erarbeitet keine befriedigenden Lösungen: dann kann der Gesetzgeber eingreifen.

Einem theoretischen Alles oder Nichts-Denken ist ein derartiges pragmatisches Vorgehen allerdings fremd, aber bekanntlich sind komplexe Fragen nie einfach zu lösen. Wer heute das Problem der AGB mit einem Jahrhundertgesetz wider die AGB lösen will, verfällt m.E. genau in den Fehler der Kodifikatoren des 19. Jahrhunderts, indem er glaubt, eine komplexe, sich ständig wandelnde Wirklichkeit mit einer einmaligen Aktion des Gesetzgebers regeln zu können. Eine pragmatische und schrittweise Verwirklichung des Ziels mittels eines Vorgehens i.S. des hier vorgeschlagenen Gesetzes nebst Flankenschutz an neuralgischen Einzelstellen sowie Beobachtung und Überprüfung der Zwischenergebnisse ist zwar mühevoller, aber wirksamer und entspricht in der Wahl der Mittel der Differenziertheit der Sachprobleme.

FSC
www.fsc.org
MIX
Papier | Fördert gute Waldnutzung
FSC® C083411

Kolibri 360 GmbH
Ferdinand-Jühlke-Straße 7
99095 Erfurt, Deutschland
produktsicherheit@kolibri360.de